Erfolgreiches Verhandeln für Führungskräfte
Michael Lorenz
Ilona Haselbach

Michael Lorenz
Ilona Haselbach

Erfolgreiches Verhandeln
für Führungskräfte

3. Auflage

Copyright ©2017, 2021, 2026
Michael Lorenz, Ilona Haselbach Autoren
grow.up. Managementberatung GmbH
Quellengrund 4, 51647 Gummersbach
lorenz@grow-up.de, haselbach@grow-up.de
Tel.: 02354/70890-0
www.grow-up.de
Redaktion: Ilona Haselbach, grow.up.
Managementberatung GmbH
Cover: Bilderstellung mit KI/ChatGPt

3. Auflage 2026

ISBN-13: 978-1544271309
Imprint: Independently published

Inhaltsverzeichnis

Vorwort

Lasst uns nie aus Angst verhandeln, aber lasst uns auch nie Angst vor Verhandlungen haben.

John Fitzgerald Kennedy

Jeder von uns verbringt viel Zeit damit, Verhandlungen zu führen. Egal ob beruflich oder privat, es geht immer wieder darum, einen Kompromiss zwischen den eigenen Vorstellungen und den Wünschen unserer Verhandlungspartner zu finden. Für Sie als Führungskraft besteht die Mehrzahl der Probleme, mit denen Sie sich täglich auseinandersetzen müssen, aus Situationen, in denen Machtinteressen, Statussicherungsgedanken, Ängste, Befürchtungen und (Halb-) Wissen eine wesentliche Rolle spielen.

Eignen Sie sich wertvolles Basiswissen rund um das Thema *Erfolgreiches Verhandeln* an und profitieren Sie von unseren zahlreichen Tipps, Anleitungen und Hilfestellungen.

Im Detail ist unser Booklet so aufgebaut, dass

- Sie lernen, was Sie für ein Grundhandwerkszeug benötigen, um erfolgreich zu verhandeln und welche Grundgedanken und Prinzipien dabei beachtet werden sollten.

- wir Sie durch die Vorbereitung zu einer erfolgreichen Durchführung und Nachbereitung einer Verhandlung führen und Sie dabei mit zahlreichen Checklisten und Tipps unterstützen.

- wir Ihnen mögliche Pannen vorstellen (Kommunikationsprobleme, festgefahrene Verhandlungen, aggressive Verhandlungspartner, jemand verliert die Nerven, was im Nachgang noch schief laufen kann etc.) und Sie zurück auf den Weg zu einer gelungenen Verhandlung bringen.

- wir Ihnen alle Besonderheiten in Verhandlungssituationen mit Mitarbeitern, Kollegen und Vorgesetzten vorstellen, da hier besondere Rücksicht auf die Hierarchie und die dadurch entstehenden Grenzen in der Verhandlungsführung zu nehmen ist.

- wir Sie – wird aus einer Verhandlung ein Konflikt – bei der Konfliktanalyse unterstützen, Ihnen aufzeigen, welche Rolle Sie als Führungskraft in einer solchen Situation spielen und beschreiben, wie eine Konflikteskalation vermieden werden kann.

Unser Booklet „Erfolgreiches Verhandeln für Führungskräfte" soll Ihr kleines Handbuch sein, mit dem Sie ganz schnell lernen, souverän und gekonnt zu verhandeln, in jeder Situation professionell zu agieren und sich ab sofort nicht mehr aus der Ruhe bringen zu lassen. Angereichert mit kleinen Beispielen aus der Praxis, besitzen Sie das richtige Werk, um Ihr Wissen gekonnt in Ihren Alltag zu übertragen.

Wir wünschen Ihnen viel Freude beim Verhandeln!

Michael Lorenz   Ilona Haselbach

Gummersbach, im Februar 2026

Erfolgreiches Verhandeln für Führungskräfte

Was genau bedeutet *Verhandeln* eigentlich?

Verhandlungsführung ist die Kunst, eine Übereinstimmung zwischen sich widerstrebenden Interessen herbeizuführen. Dies ist in Unternehmen eine alltägliche Übung, denn viel öfter als Sie glauben, sind Ihre Gespräche mit Mitarbeitern, Kollegen, Vorgesetzten und externen Ansprechpartnern auch Verhandlungen. Einzelinteressen, Interessengruppen und Lager, die durch unterschiedliche Meinungen, Überzeugungen, Vorurteile und Kenntnisse geprägt sind, sind in der Regel alltägliche Praxis. Umso wichtiger ist es für Sie, die Techniken eines guten Verhandlungsmanagements zu beherrschen.

Ziel jeder Verhandlung   grow.up.
                                    Managementberatung

Vernünftige Übereinkünfte
sind effizient und verbessern das Verhältnis zwischen den Parteien.

- Die legitimen Interessen jeder Seite werden in höchstmöglichem Maß erfüllt

- Die Lösung ist gerecht

- Die Lösung ist von Dauer

- Die Lösung trägt auch den Anliegen der Allgemeinheit Rechnung

wachsen im eigenen Rhythmus

Abb. 1: Ziel jeder Verhandlung

Was sollte ich für ein erfolgreiches Verhandeln beachten?

Es ist wichtig, dass Sie lernen, jede Situation mit den Augen Ihres Gegenübers zu betrachten. Diese Voraussetzung ist bei der Verhandlungsführung aus taktischen Gründen unerlässlich. Neben den allgemeinen Prinzipien, die für alle Gespräche gelten, kommen für Verhandlungen noch vier wesentliche Grundgedanken hinzu, die Sie stets berücksichtigen sollten. Nachfolgend stellen wir sie Ihnen gerne vor.

Vier Prinzipien, denen Sie in Verhandlungen folgen sollten

Machen Sie sich die nachfolgend aufgeführten Grundgedanken für erfolgreiches Verhandeln zu eigen und versuchen Sie, diese in Ihren nächsten Verhandlungssituationen umzusetzen. So werden Sie ein für Sie positives Ergebnis erzielen!

1. **Behandeln Sie Menschen, Rollen und Standpunkte getrennt voneinander – vermischen Sie diese Aspekte nicht!**

Die Person und die Rolle, in der Sie und die Gegenseite gerade agieren, müssen nicht unbedingt etwas miteinander zu tun haben.

> **Beispiel:** Sie sind in einem externen Kundenprojekt nachgewiesenermaßen sehr erfolgreich gewesen. Trotzdem wird die Zusammenarbeit in diesem Projekt mit Ihnen beendet, weil man für dieses Thema jetzt „einen anderen Typ" sucht.

Wichtig ist, sich immer wieder zu verdeutlichen, dass es hier nicht um Sie als Person, sondern um Ihre „Rolle" (Trainer) geht. Und es ist auch sinnvoll, sich immer wieder vor Augen zu halten, dass auf der Gegenseite (Kunde) zwar meist ein Mensch agiert, dieser aber genauso aus einer Rolle (Interne Personalentwicklerin) heraus agiert.

Vermischen Sie Rolle und Person, laufen Sie Gefahr, sich zu ärgern. Sie könnten z. B. denken: „Das war Absicht von der Ansprechpartnerin. Sie nimmt mich aus dem Projekt, weil sie etwas gegen mich persönlich hat."

Wenn Sie emotional werden, sind Sie verletzbar und werden möglicherweise auch selbst verletzend. Versuchen Sie deshalb für sich sowohl Ihre Rolle, aus der Sie handeln, als auch die Rolle Ihres Gegenübers zu klären. Sie erreichen so ein größeres Verständnis für Ihr Gegenüber und sind in der Lage, die Verhandlungssituation emotionsfreier wahrzunehmen. Sie werden offener für Ansatzpunkte zu Kompromissen und Einigungen sein.

Es ist aber auch sinnvoll, sich vor Augen zu führen, dass manchmal Unterschiede zwischen der Rolle, in der jemand agiert, und der jeweiligen Position auftauchen können. Es ist ein Fehler, zu denken, dass Rolle und Position immer deckungsgleich sein müssen.

Beispiel: Sie verhandeln mit einem Einkäufer. Sie denken, da er Einkäufer (Rolle), ist will er auch den günstigsten Preis erzielen (Standpunkt). Die wirkliche Situation ist aber dadurch gekennzeichnet, dass der Einkäufer in den letzten drei Monaten zwei Flops eingekauft hat, weil er den günstigsten Anbieter ausgewählt hat. Tatsächlich will er in der aktuellen Situation den am besten passenden Anbieter auswählen, nicht den günstigsten.

Gehen Sie das Problem an – nicht den Menschen!

- Feinde können nicht gut verhandeln. Sie agieren defensiv, angreifend und missachten die legitimen Interessen des Anderen.

- Betrachten Sie das Problem und die Lösungsfindung als gemeinsame Aufgabe, auch wenn Sie den Anderen nicht mögen.

- Artikulieren Sie das Problem exakt, benennen Sie die gemeinsamen Interessen einer Lösung.

2. Denken und verhandeln Sie nach Interessen und Zielsetzungen, nicht nach Standpunkten!

Was heißt das genau? Ein Standpunkt ist eine feste Position, die man einnimmt – *so und nicht anders*. Wenn sich Verhandlungsparteien mit ihren festen Standpunkten gegenübertreten, kommt es unabwendbar zum Schlagabtausch. Es gibt nur Gewinnen oder Verlieren. Mit etwas Glück vielleicht einen Kompromiss. Ein **Beispiel** in Form einer kleinen Geschichte soll dies verdeutlichen:

Thomas und Stefan betreten zum gleichen Zeitpunkt die Küche. In der Obstschale liegt noch eine Orange. Beide greifen danach: Stefan: „Die Orange gehört mir!", Thomas: „Das sehe ich anders, sie steht mir zu, Du hattest schon mehr als ich! …" Den Dialog können Sie beliebig weiterdenken. Beide tauschen Ihre Positionen aus und kämpfen um die Orange. Um den Konflikt zu beenden, einigen sie sich darauf, dass jeder eine halbe Orange bekommt (Kompromiss, jeder hat ein wenig verloren und ein wenig gewonnen). Beide ziehen mit ihrer halben Orange los: Thomas reibt die Schale ab, weil er Orangenaroma braucht, Stefan presst den Saft aus.

Beide hätten viel mehr haben können, beide hätten Ihr eigentliches Interesse (Saft und Schale) ganz befriedigen können, wenn sie darüber gesprochen hätten. Die Geschichte soll verdeutlichen, dass wir mit der Verkündung unserer Positionen noch lange nicht unsere Interessen kommunizieren. Bewusst ist uns das in diesem Moment nicht.

Gute Verhandlungen zeichnen sich dadurch aus, dass sie nie oder nur ganz selten zum Stillstand kommen, selbst dann, wenn nur in winzigen Schritten vorangegangen wird. Erfragen Sie deshalb in Verhandlungen immer die Interessen und vor allem die Zielsetzungen hinter den jeweiligen Standpunkten. Dadurch gewinnen Sie Raum für Kompromisse und Vereinbarungen.

Beachten Sie die folgenden Punkte, wenn Sie die Interessen Ihres Gegenübers hinterfragen, um herauszufinden, was Sie für sich und was Ihr Verhandlungspartner erreichen möchte:

- Mit dem Festhalten an Standpunkten erreichen Sie nicht unbedingt Ihre Ziele und Interessen. Zu den Interessen und Zielsetzungen können Wünsche, Nöte, Sorgen und Ängste zählen, sie sind die stillen Beweggründe hinter den vertretenen Standpunkten.

- Standpunkte und Positionen sind bewusste Entscheidungen. Interessen dagegen sind die Gründe, die Sie zum Treffen dieser Entscheidung bewegt haben.

- Hinter gegensätzlichen Positionen liegen sowohl gemeinsame und ausgleichbare als auch sich widersprechende Interessen. Ihr Ziel sollte es immer sein, einen Ausgleich zu erreichen.

- Interessen können in der Regel durch mehrere mögliche Lösungen befriedigt werden.

- Wechseln Sie die Position und betrachten Sie die Situation aus dem Blickwinkel Ihres Gegenübers.

- Fragen Sie Ihren Verhandlungspartner nach dem *Warum*. *Ein kluger Mann hat mal gesagt: „Always start with the why!"* Stellen Sie sich die Frage, was er mit seinem Vorschlag erreichen will. Versuchen Sie, die Hoffnungen, Befürchtungen, Ängste und Wünsche hinter der Position herauszufinden.

- Fragen Sie auch: *Warum nicht?* Klären Sie ab, welche Grundforderungen die Gegenseite an Sie stellt und warum sie diese wohl nicht erfüllen wollen.

- Erkennen Sie an, dass beide Seiten vielfältige Interessen haben. Jeder Verhandlungspartner hat Hintermänner oder Auftraggeber (Chef, Kollege, Mitarbeiter etc.), von denen er Interessen übermittelt bekommt und die er dann im Verlauf der Verhandlung befriedigen will und muss.

- Erkennen Sie die Interessen Ihres Gegenübers als Teil des Problems und damit der Aufgabenstellung an.

- Die wichtigsten Interessen sind die menschlichen Grundbedürfnisse: Sicherheit, wirtschaftliches Auskommen, Zugehörigkeit, Anerkennung, Selbstbestimmung.

- Sprechen Sie in Verhandlungen zunächst über Ihre Interessen und führen Sie dann darauf aufbauend Ihre Vorschläge und Lösungen an.

- Halten Sie für alle Beteiligten die herausgefundenen Interessen fest und erstellen Sie eine Rangfolge. Die Liste kann jederzeit ergänzt werden.

Checkliste: Wechseln Sie die Perspektive

Fragestellung	Einschätzung
Meine Perspektive:	
Welche Gefühle habe ich (Angst, Wut)?	
Habe ich mich unter Kontrolle oder lasse ich mich provozieren?	
Was ist mein Ziel (min./max.)?	
Welche Risiken sind absehbar?	
Will ich den anderen überzeugen oder manipulieren?	
Perspektive des Verhandlungspartners:	
Was hält der Andere für wichtig?	
Welche Gefühle hat er?	
Welche Risiken könnte er sehen?	
Was ist für ihn wichtig?	
Was will er erreichen?	
Perspektive eines neutralen Beobachters:	
Wie würde ein neutraler Beobachter unsere Situation einschätzen/beurteilen?	
Glaubt er, dass wir beide zu einer gemeinsamen Lösung finden wollen?	

Perspektive eines neutralen Beobachters:	
Wie gebärden wir uns?	
Stehen unsere Ziele noch im Vordergrund oder geht es mittlerweile um die versteckten Konflikte?	

3. Erweitern Sie Ihren Blickwinkel! Suchen Sie nicht nach der einen richtigen Lösung, sondern nach vielen verschiedenen Optionen!

Einer der häufigsten Fehler in Verhandlungssituationen ist der, dass zu schnell auf eine Lösung hingearbeitet wird. Die Gründe hierfür sind unterschiedlich: weil die Situation belastend oder unangenehm ist, weil man schnell fertig werden will oder weil man das Gefühl der gerade günstigen Gelegenheit hat. Drucksituationen machen jedoch nur dann Sinn, wenn eine der Parteien in der Verhandlungsführung deutlich überlegen ist und die unterlegene Partei später keine Möglichkeit zu einer Retourkutsche hat.

Das ist innerhalb von Unternehmen außerordentlich selten, da meist die Notwendigkeit besteht, sich in nächster Zeit zu einem anderen Thema zusammenzusetzen. Aus diesem Grund ist es sinnvoller, der Gegenseite das Annähern durch Wahlmöglichkeiten zu erleichtern. Schnüren Sie unterschiedliche Pakete (z. B. Maximal- und Minimallösungen), die die Annäherung erleichtern und den Stillstand der Verhandlung verhindern.

To do: Die Suche nach Optionen in Verhandlungen

- Erhöhen Sie von Anfang an die Wahlmöglichkeiten hinsichtlich der zu treffenden Entscheidungen.
- Vermeiden Sie vorschnelle Urteile.
- Suchen Sie nach Lösungen, aber nicht nach der einen richtigen Lösung.
- Begraben Sie den Gedanken, der Kuchen sei begrenzt. Der Gedanke *„Nur einer kann gewinnen!"* führt bloß zu Gegeneinanderstellungen von Positionen und somit zu Verlusten, meist auf beiden Seiten.
- Wenn Sie an einem Punkt nicht weiterkommen, setzten Sie Kreativitätstechniken ein oder ziehen Sie einen Experten hinzu.

Checkliste: Fragen für die Suche nach Optionen

Fragestellung	Antwort
Welche Bedingungen könnte die Gegenseite unterschreiben, die auch für Sie attraktiv sind?	
Welche Übereinkunft ist für die Gegenseite leicht realisierbar?	
Müssen alle zustimmen?	
Welche Konsequenzen hat die Entscheidung für die Gegenseite?	
Was wird die Gegenseite am meisten fürchten, was erhofft sie sich am meisten?	
Welche Kritik würden die Verhandlungsführer der Gegenseite treffen, wenn sie der Entscheidung zustimmen?	

4. Definieren Sie Kriterien zur Bewertung Ihrer Entscheidungen!

Um für das Verhandlungsergebnis die Sicherheit zu schaffen, dass eine längerfristige Akzeptanz gegeben ist, ist es gerade bei schwierigen Verhandlungen hilfreich, schon frühzeitig Entscheidungskriterien zu definieren, an denen gemessen wird, ob die Entscheidung die Ziele der Beteiligten erfüllt.

Für viele Verhandlungen können verschiedene objektive Kriterien angewendet werden, wie z. B. Rechtslage, Marktwert, Kosten, vergleichbare Fälle etc.

Beispiel: Ein Gebrauchtwagen wird für einen Preis angeboten, den der Interessent nicht bereit ist zu bezahlen. Er macht dem Verkäufer ein deutlich niedrigeres Angebot. Um hier einen gerechtfertigten Preis ermitteln zu können, können ganz einfach die objektiven Kriterien herangezogen werden, wie z. B. Schwacke-Liste, Laufleistung, Unfallfreiheit, Inspektionsnachweise, Alter etc.

Faire Kriterien lassen sich aber nicht nur auf den Inhalt einer Verhandlung anwenden, sondern auch auf die Verfahrensweise.

Beispiel: Hier gilt die uralte Methode: „Der eine schneidet, der andere wählt." Wenden Sie diese z. B. für einen Kuchen an, ist natürlich klar, dass die Person die schneidet, ganz besonders auf die Gleichheit der Stückgröße achtet. Übertragen auf Verhandlungssituationen könnte dies sein: Erst werden spannende Aufgabenpakete geschnürt, dann entschieden, wer welches bearbeitet. Alternative faire Verfahrensweisen wären z. B. das Losziehen, eine Münze werfen, den Platz tauschen etc. Die Beteiligten haben in jedem Fall die gleichen Ausgangschancen.

In jedem Fall sollten alle Kriterien von beiden oder allen Seiten akzeptiert sein, fair, neutral und unabhängig vom Willen beider Parteien sein und folgende Ausprägungen beinhalten:

- Kosten

- Moralische oder ethische Aspekte

- Wissenschaftliche Gutachten

- Vergleichsfälle

- Kriterien von Sachverständigen

- Gleichbehandlung

- Kriterien mit Bezug auf Verfahrensweisen

- Dauerhaftigkeit/Tragfähigkeit

- Lösung für Gesamtproblematik oder Teillösung

- Akzeptanz bei allen/bestimmten Gruppen

Eine weitere Möglichkeit
für ein verbindliches Kriterium kann auch sein, dass vorab vereinbart wird, dass in strittigen Einzelfragen ein ebenfalls vorab bestimmter Schlichter hinzugezogen wird.

Die nachfolgende Abb. 2 gibt Ihnen noch einmal einen Überblick über die vier Prinzipien für erfolgreiches Verhandeln:

Die vier Prinzipien für erfolgreiches Verhandeln   grow.up.
Managementberatung

Menschen	Menschen und Probleme werden getrennt voneinander behandelt.
Interessen	Nicht Positionen sondern Interessen werden in den Mittelpunkt gestellt.
Möglichkeiten	Vor einer Entscheidung werden verschiedene Wahlmöglichkeiten entwickelt, um die optimale Lösung zu finden, die Nutzen für beide Parteien hat.
Kriterien	Das Ergebnis wird auf objektiven Entscheidungskriterien aufgebaut, es werden faire, neutrale Beurteilungskriterien gesucht.

Diese vier Grundaspekte sind in jeder Phase der Verhandlung relevant, in Analyse, Planung und Diskussion bis zur Übereinkunft!

wachsen im eigenen Rhythmus

Abb. 2: Die vier Prinzipien für erfolgreiches Verhandeln

Was gibt es für mich in Verhandlungen zusätzlich zu beachten?

Aufbauend auf den gerade beschriebenen vier Prinzipien gibt es noch einige zusätzliche Punkte, die Sie beachten sollten, um Ihren Verhandlungserfolg langfristig sicherzustellen.

1. Vorsicht vor der späten Reue!

Wenn Verhandlungssituationen so laufen, dass eine der Parteien zwar zustimmt, sich aber ungerecht behandelt fühlt, taucht der Effekt der *Nachentscheidungsdissonanz* auf. Um diesen Zustand zu vermeiden, ist es sinnvoller, wenn Sie die Gegenpartei vorher ausführlich überlegen lassen und sie nicht unter Druck setzen. Generieren Sie stattdessen Argumente und bieten Sie Ihren Verhandlungspartnern Wahlmöglichkeiten. Bereits im Vorfeld und auch während der Verhandlung ist es wichtig, dass Sie deutlich machen, dass die Verhandlungsergebnisse nur unter hohen Auflagen oder evtl. sogar gar nicht revidierbar sind. Stellen Sie ein Reglement auf, das wenn eine Verhandlungsentscheidung getroffen wurde, die Hürden definiert, wann eine Umkehr oder eine Neuaufnahme der Verhandlungssituation notwendig und zulässig ist. Diese Kriterien für die Umkehr und Neuaufnahme einer Verhandlung sollten bereits im Vorfeld festgelegt werden.

Beispiel: Sie überzeugen Mitarbeiter davon, probehalber in einem anderen Team zu arbeiten. Stellen Sie vor Beginn der Probephase klar, was danach unter welchen Bedingungen passieren kann: Ob und wie ist eine Rückkehr zum vorherigen Zustand machbar? Welche Rahmenbedingungen müssen erfüllt sein?

2. Verdeutlichen Sie immer, dass die Vertikalität vorhanden bleibt.

Sie sollten als Führungskraft nie den Fehler machen, auf das Recht der letzten Entscheidung in der Verhandlungssituation zu verzichten. Sie kommen im Führungsalltag oft in Situationen, in denen Sie Ihre Sichtweisen aufgrund übergeordneter Entscheidungen ändern müssen. Verzichten Sie im ersten Schritt in Verhandlungen mit Mitarbeitern auf *Vertikalität* und stoßen dann aber im zweiten Schritt getroffene Verhandlungsergebnisse oder Entscheidungen mit Hilfe der *Vertikalität* um, wird man Ihr Verhalten als ungerecht empfinden. Dieses soll selbstverständlich nicht heißen, dass Sie nicht das bessere Argument gelten lassen sollen. Aber Sie sollten sich, wenn eben möglich, das Recht der letzten Entscheidung vorbehalten, wenn Sie derjenige sind, der auch die weiteren Schritte oder das Resultat verantwortet.

3. Definieren Sie die Bereiche, über die Ihre Mitarbeiter mit Ihnen verhandeln können.

Generell gilt: Sie als Führungskraft sagen, *ob* eine Aufgabe bearbeitet wird und – vorausgesetzt Sie haben in dem jeweiligen Bereich genügend Erfahrung – auch *bis wann* Sie eine Aufgabe gerne bearbeitet und erledigt hätten. Mitentscheiden dürfen und sollen Ihre Mitarbeiter über die Frage, *wie* die Aufgabe erledigt werden soll, welche Rahmenbedingungen erfüllt sein müssen (Was lassen wir im Moment wegfallen oder stellen es zurück?) und welche Ressourcen erforderlich sind. Beachten Sie also Ihre Positionierung!

Außerordentlich sensibel sollten Sie in den Verhandlungssituationen agieren, in denen Sie feststellen, dass Ihre Entscheidungen oder Ihre Anweisungen Teil der Verhandlung geworden sind, denn dann sind Sie auf einmal zu einem Teil des Problems geworden. Versuchen Sie, die Situation stets so zu erhalten, dass Sie noch Handlungsmöglichkeiten haben. Das erreichen Sie, indem Sie sich übergeordnet positionieren. Befinden Sie sich in Verhandlungssituationen mit Ihren Mitarbeitern, sollten Sie versuchen, in diesem Kreis Mitstreiter für Ihre Position zu finden. Ist Ihnen das gelungen, können Sie eine integrative, übergeordnete Rolle einnehmen und es wird nicht zu einer Situation kommen, in der Ihre Sichtweise der der Mitarbeitergruppe gegenübersteht. Solch eine Verhandlungssituation könnte Sie in erhebliche Schwierigkeiten bringen und wäre im Zweifel nur durch Hinzuziehung einer übergeordneten (z. B. Ihr eigener Chef) oder neutralen Instanz (z. B. Personalchef oder Personalvertretung) lösbar.

Wie bereite ich eine Verhandlung vor?

„Die Kunst des Krieges":
„Kennst du deinen Gegner und dich selbst,
so brauchst du hundert Schlachten nicht zu fürchten.
Kennst du dich, aber nicht den Gegner,
so wirst du für jeden errungenen Sieg eine Niederlage
erleiden. Kennst du weder den Gegner noch dich selbst,
dann verlierst du jede Schlacht."

(Chinesischer General Sun Tze im 5. Jahrhundert vor Christus)

Die vier Prinzipien für erfolgreiches Verhandeln haben Sie schon kennengelernt und wenn Sie diese zu Ihrem Handwerkszeug machen, sind Sie schon gut gerüstet. Trotzdem sollten Sie niemals unvorbereitet in eine Verhandlung gehen! Um Ihnen die Vorbereitung zu erleichtern, können Sie gerne auf die nachfolgenden Checklisten zurückgreifen, die diejenigen Bereiche abdecken, zu denen Sie sich im Vorfeld einer Verhandlung Gedanken machen sollten.

Checkliste: Verhandlungen gestalten

Beantworten Sie sich wichtige Fragen vor der Verhandlung:	Bemerkungen
Was sind meine Interessen und Ziele (minimal/maximal)?	
Was sind die Interessen und Ziele meines Verhandlungspartners?	
Betrachten Sie die Situation Ihres Verhandlungspartners sehr genau: Was gibt es für Abhängigkeiten für ihn? Wie sehen seine Rahmenbedingungen aus?	

Beantworten Sie sich wichtige Fragen vor der Verhandlung:	Bemerkungen
Habe ich unbeteiligte Dritte oder Experten nach ihrer Einschätzung gefragt?	
Welche Wahlmöglichkeiten sind für meinen Verhandlungspartner und mich akzeptabel?	
Habe ich die Optionen zwischen Minimal- und Maximal-Lösung geprüft?	
Habe ich überprüft, mit welchen Optionen die Ziele für meinen Verhandlungspartner und mich am besten befriedigt werden?	
Habe ich den erforderlichen Wirkungsgrad einer Lösung hinterfragt (dauerhaft vs. vorläufig, bedingungslose vs. bedingte Einigung, umfassend vs. partiell, für alle vs. für einen Teil)?	
Was sind für meinen Partner/für mich Lösungen, die den *Gewinn* gegenüber der heutigen Situation erhöhen?	

Checkliste: Taktische Vorüberlegungen zu einer Verhandlung

Fragen	(Konsequenzen für das) Vorgehen
Wer leitet die Verhandlung?	
Mit welchen Funktionen ist der Verhandlungsführer ausgestattet (z. B. vertritt Ergebnis vor …, trifft Entscheidungen zu …, hat an anderer Stelle Einfluss auf …)?	
Wie verteilen wir die Rollen innerhalb unseres Verhandlungsteams?	
Welche Reihenfolge scheint für die zu behandelnden Themen sinnvoll?	
Möchte ich gleich zu Beginn einen großen Schritt auf den Anderen zugehen oder mich erst nach und nach in kleinen Schritten nähern?	
Wie gehe ich/gehen wir mit unerwarteten Situationen/Vorschlägen um?	
Welche Entscheidungsbefugnisse habe ich? Wann muss ich wen hinzuziehen?	
Habe ich vor, das erzielte Verhandlungsergebnis mit voller Kraft selbst zu verfolgen?	
Möchte und kann ich eher im Hauptthema oder eher in Nebenthemen entgegenkommen?	
Kann ich das Ambiente in meine Taktik einbinden?	

Wie führe ich eine Verhandlung erfolgreich durch?

Abgesehen von den vorher bereits erwähnten Hilfsmitteln finden Sie in der nachfolgenden Checkliste wesentliche Punkte für das Führen von Verhandlungsgesprächen.

Checkliste: Gesprächsführung in Verhandlungen

Was	Bemerkung
Beginnen Sie keine Verhandlung, ohne Begriffe und Themen zu definieren. Verlangen Sie von Ihrem Partner Definitionen.	
Beobachten Sie genau das verbale und nonverbale Verhalten Ihres Partners. Oft zeigen Partner Empfindungen, die Sie unbedingt beachten sollten.	
Stellen Sie sich auf die Verhaltensweisen Ihres Partners ein. Die gleiche Wellenlänge erzeugt Sympathien.	
Pflegen Sie mit Ihrem Partner oder Partnern intensiven Blickkontakt.	
Seien Sie ein guter Zuhörer, denn zuhören ist Zuwendung. Lassen Sie Ihren Partner spüren, dass Sie für ihn da sind.	
Kontrollieren Sie Ihr eigenes Verhalten immer, vor allem Ihre Emotionen.	
Gliedern Sie und behalten Sie den taktischen und strategischen Überblick über Argumentation.	
Überprüfen Sie die verbalen Aktionen nach Wortwahl, Satzbau und Sinngehalt. Vordenken ist besser als zurücknehmen.	
Überprüfen Sie, bevor Sie etwas sagen, ob Ihre Aktion weiterführenden Charakter hat.	

Was	Bemerkung
Sprechen Sie kurze Sätze. Ihr Partner folgt nur Sätzen, die nicht länger als zwölf Worte sind.	
Betrachten Sie die Aktion des Partners nicht als Angriff, sondern als das, was sie ist: eine nützliche, wertvolle Information. Verwerten Sie das Weiterführende dieser Information.	
Sprechen Sie zunächst die vom Partner formulierte positive Ebene an und springen Sie nicht gleich auf das Negative. Überhören Sie also nicht das Lob, wenn ein Einwand folgt.	
Formulieren Sie immer die gemeinte Ebene (verbalisieren), damit Ihr Partner weiß, was Sie wollen.	
Führen Sie den Dialog mit Fragen. Wer fragt, der führt.	
Benutzen Sie die Fragen, um – wenn nötig – von einem Thema auf das Nächste zu wechseln.	
Stellen Sie sinnvolle und angemessene Gegenfragen. Oft erlaubt nur die erklärende Reaktion auf eine Gegenfrage die genaue, bessere Antwort.	
Notieren Sie die Motive, die Ihr Partner erkennen lässt, und argumentieren Sie auf das Motiv bezogen.	
Führen Sie dem Partner seinen Nutzen vor Augen, wenn er sich Ihren Argumenten annähert.	
Halten Sie Gemeinsamkeiten fest. Untermauern Sie die gemeinsame Ebene mit einer Bestätigungsfrage.	
Versichern Sie sich an Schlüsselpunkten des Gespräches, ob Ihr Partner Sie richtig verstanden hat.	
Vorurteile sind gefährlich. Wenn Sie vom Vorurteil ausgehen, entwickelt sich falsches Verhalten.	

Beantworten Sie sich wichtige Fragen vor der Verhandlung:	Bemerkungen
Geben Sie Ihre Ziele nicht von vornherein zu erkennen.	
Planen Sie mehrere Züge im Voraus.	
Bringen Sie pro Satz nur ein Argument ein.	
Lassen Sie Ihren Partner gewinnen, damit Sie verkaufen können.	
Dokumentieren Sie die Gesprächsergebnisse.	

Ergänzend zu der Checkliste zur erfolgreichen Verhandlungsführung folgen hier ein paar hilfreiche Tipps für die richtige Reaktion auf bestimmte Verhaltensweisen:

Verhaltensweise	Reaktion
Der Streitsüchtige: provoziert gern, redet dazwischen, macht pauschale Vorwürfe	Wahren Sie die Beherrschung, fordern Sie Sachlichkeit ein und hinterfragen Sie die Pauschalvorwürfe.
Der Positive: nimmt interessiert und aktiv teil, versucht ausgleichend zu wirken	Lassen Sie ihn öfter zu Wort kommen.
Der Alleswisser: versucht im Mittelpunkt zu stehen, lässt nur seine Meinung gelten	Widerlegen Sie Rechthaberei sachlich und fundiert.

Verhaltensweise	Reaktion
Der Redselige: hat zur Thematik nicht viel zu sagen, spricht aber viel und fällt anderen ins Wort	Unterbrechen Sie ihn taktvoll aber bestimmt und führen Sie ihn durch Sachfragen zum Thema zurück.
Der Schweigsame: ist aufmerksam, meldet sich aber nicht	Sprechen Sie ihn gezielt an, wenn Sie anhand seiner Körpersprache merken, dass er etwas sagen möchte.
Der Schüchterne: ist inaktiv, schüchtern, gehemmt	Drängen Sie ihn nicht zur Kommunikation. Stellen Sie ihm ausschließlich leichte Fragen.
Der Ablehnende: sieht überall Schwierigkeiten, ist ablehnend und destruktiv	Lassen Sie ihn seine Ablehnung begründen und fordern Sie ggf. Lösungsvorschläge und Alternativen von ihm ein.
Der Dickfellige: ist langsam und träge (auch im Denken) und nur schwer zu überzeugen	Fordern Sie ihn immer wieder zu konkreten Stellungnahmen auf.
Der Erhabene: wirkt überheblich, ist aber unsicher und spottet gern	Fordern Sie von ihm durch konkrete Fragen Sachbeiträge und konstruktive Antworten ein.
Der Listige: stellt gezielt provokante Fragen, um seine Position durchzusetzen, u. U. durch Absprache mit anderen	Antworten Sie nicht vorschnell, sondern stellen Sie seine Fragen auch den anderen Verhandlungsteilnehmern.

Achtung! Kommunikationspannen

Große Hindernisse auf dem Weg zu einer erfolgreichen Verhandlung sind Missverständnisse und die unterschiedliche Auslegung von Gesagtem. Leider kommt es sehr häufig vor, dass Informationen oder Botschaften im Ohr des Empfängers ganz anders ankommen, als sie von Ihnen gemeint waren.

Missverständnisse lassen sich am besten vermeiden, indem man die Probleme direkt anspricht – Ihr Gegenüber ist oftmals gar nicht so empfindlich, wie Sie vielleicht glauben. Sprechen Sie es offen an, wenn Sie Argumente oder Ausführungen nicht verstanden haben oder sie Ihnen widersprüchlich erscheinen.

> **Beispiel:** „Ich bin etwas irritiert wegen Ihrer Ausführungen bezüglich der Neuregelung der Voraussetzungen für die Zusammenarbeit mit externen Dienstleistern. Darf ich bitte kurz wiedergeben, wie ich Sie verstanden habe, damit wir Missverständnisse vermeiden können?"

Überprüfen Sie in Ihren Gesprächen immer wieder, ob Sie und Ihr Verhandlungspartner sich richtig verstanden haben – leider ist das nämlich oft nicht der Fall.

Fassen Sie Zwischenergebnisse zusammen

Wie oft kommt es vor, dass an einem kritischen Punkt der Verhandlung die Parteien feststellen müssen, dass sie sich – entgegen ihrer bisherigen Annahme – nicht richtig verstanden haben. Umso wichtiger ist es, dass man im Gesprächsverlauf immer wieder überprüft, dass alle wesentlichen Punkte richtig verstanden worden sind. Dies können sie ganz geschickt tun, indem Sie – ganz besonders dann, wenn Sie das Gefühl haben, an einem Punkt zu sein, wo es nur schwierig voran geht – ganz geschickt Formulierungen einfließen lassen, die genau dieses gegenseitige Verständnis prüfen können.

> **Beispiel:** „Lassen Sie mich das kurz festhalten: Wir sind uns über xyz einig und wollen darüber hinaus festhalten, dass …"

Ergebnisklärung

Zum Abschluss können Sie auch noch Missverständnisse aufdecken und ausräumen, indem Sie formulieren, was bisher erreicht wurde.

Beispiel: „Wenn Sie erlauben, würde ich gerne zusammenfassen, was wir aus meiner Sicht bisher gemeinsam erreicht haben ..."

Sie können damit Ihre Gesprächspartner zusätzlich für die weitere Verhandlung motivieren, da die erzielten Teilerfolge dadurch besonders hervorgehoben werden. Automatisch bringen Sie alle an der Verhandlung beteiligten Personen dazu, sich auf die noch offenen Punkte zu konzentrieren, und geben so dem weiteren Verlauf des Gesprächs die gewünschte Richtung vor.

Wie bringe ich festgefahrene Verhandlungen wieder in Gang?

Manchmal kommt es in Verhandlungen dazu, dass keine Partei mehr weiß, wie man weiterkommen könnte. Die Positionen sind so festgefahren, dass es kein Vor und kein Zurück gibt. Dabei kann niemand mehr etwas gewinnen, aber gleichzeitig kann sich auch niemand mehr zurückziehen. Oftmals verlieren sich die Parteien aber auch so stark in Details, dass das eigentliche Verhandlungsziel aus den Augen verloren wird.

Den Fokus wieder auf das eigentliche Problem richten

Ist *der tote Punkt* bei einer Verhandlung erreicht, ist es an der Zeit, sich klar zu machen, dass es zu keiner Einigung kommen wird, wenn nicht beide Parteien einsehen, dass sie Ihren Anteil an der festgefahrenen Situation tragen.

Betonen Sie in Ihrer Verhandlungsführung immer wieder, dass nur eine gemeinsame Lösung für das Problem gefunden werden kann, wenn das Problem klar definiert ist. Drehen sich Diskussionen im Kreis, fragen Sie nach!

> **Beispiel:** „Worum geht es jetzt wirklich? Kann es sein, dass wir uns an einem eher nebensächlichen Aspekt festgebissen haben?"

Hilfreich kann auch sein, das eigentliche Problem gemeinsam neu zu definieren und das gemeinsame Verständnis dafür durch gezieltes Nachfragen zu klären.

Den Einsatz höherer Instanzen nutzen

Eine weitere Möglichkeit, eine festgefahrene Verhandlung wieder in Schwung zu bringen, kann auch sein, dass Sie z. B. Ihre übergeordnete Führungskraft, die bisher völlig unbeteiligt an der Verhandlung war, hinzuziehen. Ihr Vorgesetzter kann der anderen Partei Zugeständnisse machen, zu denen Sie in dieser Verhandlung selbst offiziell nicht bereit sind, indem er seine Entscheidungsgewalt einsetzt. Oder er kann auch Zugeständnisse machen, die außerhalb Ihrer eigenen Befugnisse liegen. Sind die größten Hindernisse dann aus dem Weg geräumt, verlässt er die Verhandlung wieder und überlässt Ihnen und Ihrem Verhandlungspartner die Ausarbeitung der Feinheiten.

Verhandlungsdynamik

Jede Verhandlung entwickelt ihre eigene Dynamik. Geht es nur schleppend voran, kann es sein, dass die Verhandlungsparteien anfangen sich zu langweilen. Sie werden der Verhandlung müde und es passiert, dass sie umso unbeweglicher auf ihrem Standpunkt stehen bleiben. Ist die Verhandlung allerdings in einem guten Fluss, fühlen sich die Parteien angespornt, entwickeln neue Energien und legen – im besten Fall – Begeisterung an den Tag. Auch Zugeständnisse fallen den Parteien dann leichter und die Problemlösung rückt in greifbare Nähe.

Tipp: Vertagen sie sich

Zieht sich eine Verhandlung in die Länge, kann es auch eine gute Idee sein, sich erst einmal zu vertagen. Denn je stockender die Verhandlung, desto schlechter die Erfolgsaussichten. Gehen Sie aber niemals auseinander, ohne die bisher erlangten (wenn auch vielleicht nur kleinen) Fortschritte festzuhalten, damit eine positive Grundstimmung bei den Parteien erhalten bleibt.

Verhandlungstaktik: Behalten Sie die Nerven, die letzten Minuten einer Verhandlung können entscheidend sein

Leider passiert es sehr häufig, dass gegen Ende einer Verhandlung eine Verhandlungspartei die Nerven verliert. So verliert sie am Ende, wofür sie sich die ganze Verhandlung über eingesetzt hat.

Der Fluchttyp möchte einfach nur schnell die unangenehme Situation der Verhandlung oder des Konfliktes verlassen können. Aus diesem Grund bietet er ohne Umschweife Kompromisse an, möchte am liebsten gleich vertagen oder zieht seinen Vorgesetzten hinzu. Sein Verhalten gleicht dem Aufgeben und so wird er niemals sein gewünschtes Ergebnis erreichen.

Der Angriffstyp redet im Gegensatz zum Fluchttyp viel zu viel. Er überhäuft seinen Verhandlungspartner mit Informationen oder man könnte auch sagen: „Er redet sich um Kopf und Kragen". Dabei kann es sich auch oft um nicht abgestimmte oder unvollständige Informationen handeln. Ein solches Verhalten macht Ihren Verhandlungspartner unsicher. Am Ende zweifelt er das Ergebnis so stark an, dass er lieber aussteigt.

Wie Sie sich nicht um den Erfolg bringen

Ist die Verhandlung in der entscheidenden Endphase, entsteht manchmal eine letzte Stille. Die Luft knistert förmlich im letzten Augenblick vor dem Besiegeln der erarbeiteten Einigung. Viele Menschen ertragen genau diese Stille nur schwer – aber genau das ist der Moment, in dem Sie zeigen müssen, wer die besseren Nerven hat.

Atmen Sie tief durch und denken Sie daran: „In der Ruhe liegt die Kraft!" Drosseln Sie bewusst das Tempo der Verhandlung zum Ende hin. Damit ermöglichen Sie sich ein überlegtes Handeln. Gelingt Ihnen dies noch nicht, verschaffen Sie sich Raum, indem Sie die Verhandlung noch einmal zusammenfassen und die wichtigsten Punkte auf einem Flipchart notieren.

Wie gehe ich mit aggressiven Verhandlungspartnern um?

Nicht immer wollen Ihre Verhandlungspartner eine gemeinsame Lösung mit Ihnen finden. Es geht für sie ausschließlich darum, zu gewinnen. Sie können sich noch so große Mühe geben, zur Konsensfindung Vorteile für alle Seiten herauszustellen, diese Partei würde Sie auch glatt an der Nase herumführen, um zu bekommen was sie will. Zu solch vorsätzlichen Täuschungen kommt es aber meist nur, wenn beiden Parteien klar ist, dass sie in der Zukunft wohl nichts mehr miteinander zu tun haben werden.

Aggressive Verhaltensweisen äußern sich in unterschiedlichen Formen. Typisch sind überzogene Forderungen, begleitet von Lautstärke und entsprechend aggressiver Körpersprache. Dieses Verhalten soll ausschließlich dazu dienen, Sie einzuschüchtern bzw. insoweit zu verunsichern, dass Sie dem Anderen gegenüber uneingeschränkte Zugeständnisse machen, die von Ihnen sonst sicherlich nicht so zu erwarten gewesen wären. Mit einem solch aggressiven Auftritt möchte Ihr Verhandlungspartner aber auch signalisieren, dass Sie

Ihr Ziel bei ihm nicht erreichen werden. Er möchte erreichen, dass Sie Ihre Erwartungen an das Gespräch gleich herunterschrauben.

Es gibt natürlich mehrere Möglichkeiten, wie Sie mit einem solchen Verhalten Ihres Gesprächspartners umgehen können. Nicht zielführend wäre es hier, wenn Sie sich – um Ihr Gegenüber zu besänftigen – fügen und den überzogenen Forderungen nachgeben. Reagieren Sie ebenfalls aggressiv, ist absehbar, dass es zu gar keinem Ergebnis kommen wird. Verloren haben beide Parteien auch, wenn sie davon ausgehen, dass ein erfolgreicher Abschluss ohnehin nicht möglich ist und sich aus diesem Grund noch nicht einmal gemeinsam an den Verhandlungstisch setzen. Die einzig richtige Methode, mit aggressivem Verhalten umzugehen, ist, dass Sie die Angriffe abwehren und immer wieder versuchen, zu produktiven Verhandlungen überzugehen. Lassen Sie sich weder provozieren, noch von Ihrem Gegenüber zum Opfer machen!

> **Beispiel:** „Ich weise Ihre permanenten Angriffe entschieden zurück und frage mich, warum Sie es nötig haben, so zu verhandeln! Wenn wir unsere Energie statt in einen unnötigen Schlagabtausch in eine zügige Lösungsfindung investieren würden, könnten wir zügig zu einer guten Einigung gelangen. Lassen Sie uns doch bitte ab jetzt wieder über die konkreten Fakten sprechen, damit wir zu einer für uns beide tragbaren und zufriedenstellenden Lösung finden können."

Was auch immer Sie tun: Sie können immer mindestens genauso stark sein wie Ihr Gegenüber. Im besten Fall noch stärker!

> **Tipp: „Beruhigungsmittel"**

Befinden Sie sich mitten in einer aggressiven Verhandlung, ist es
nicht einfach, diese wieder zu beruhigen. Eine gute Möglichkeit
könnte hier sein, dass Sie Ihrem schwierigen Gegenüber ein
Zugeständnis einräumen, das ihm das Gefühl gibt, sein Gesicht
wahren zu können, und er beruhigt sich. Natürlich sollte Ihr
Zugeständnis nur eine Nebensächlichkeit betreffen und für Ihre
Verhandlung nicht von maßgeblicher Bedeutung sein.

> **Tipp: Wenn Sie schon vorab wissen, mit wem Sie
> es zu tun haben ...**

Leiten Sie die Verhandlung ein, indem Sie gleich sagen: „Verzei-
hen Sie mir, gewiss ist es nicht üblich, so direkt danach zu fragen, aber ich würde gerne die Spielregeln für unser Gespräch
kennen. Wollen wir heute so schnell und mit so wenig Um-
ständen wie möglich ein vernünftiges Übereinkommen erreichen oder werden wir unerbittlich verhandeln, bis der Unnach-
giebigste von uns gewinnt?"

Können abgeschlossene Verhandlungen im Nachgang doch noch scheitern?

Es gibt verschiedene Gründe, weshalb die erarbeiteten Verhandlungsergebnisse von den Parteien nicht umgesetzt werden können, obwohl der Wille dazu vorhanden ist und die
Ergebnisse ernst genommen werden.

Gründe dafür können z. B. sein:

- Einer Verhandlung, in der erstmal eine grundsätzliche
  Vereinbarung getroffen wurde, folgen weitere, detaillier-
  tere Verhandlungsgespräche. Hierbei kann es natürlich

passieren, dass erst jetzt, bei der *Abstimmung der Einzelheiten*, Probleme auftreten, über die nicht leicht oder – im schlimmsten Fall – gar keine Einigung gefunden werden kann.

- Eine Verhandlung läuft zäh und ermüdend. Auf Ihre Ansätze erwidert Ihr Verhandlungspartner – seit gefühlten Stunden – die immer gleichen Argumente, die aber niemanden zu einer zufriedenstellenden Lösung führen. Die Versuchung ist an dieser Stelle groß, eine scheinbare Lösung auszuhandeln bzw. eine Formulierung zu akzeptieren, die zwar nicht die wirkliche Lösung eines Problems darstellt, aber die Möglichkeit eröffnet, endlich zum nächsten Punkt der Verhandlung überzugehen.

- Ob mit Absicht oder nicht, es passiert oft, dass es getroffenen Vereinbarungen an der notwendigen Klarheit fehlt. Auch wenn es manchmal den Anschein macht, als wäre es die bessere Taktik, die Dinge nicht zu genau zu benennen, kann dies unnötige Komplikationen hervorrufen oder die Umsetzung der Vereinbarungen ganz zum scheitern bringen.

Was Sie nach einer Verhandlung deshalb dringend beachten sollten, erfahren sie im folgenden Kapitel.

Was ist nach einer Verhandlung zu tun?

Nach einer Verhandlung sollten Sie sich – bevor alle den Raum verlassen – vergewissern, dass alle Beteiligten dasselbe Verständnis darüber haben, worüber sie sich geeinigt haben. Sollte es noch Punkte geben (ob wichtig oder unwichtig), zu denen noch einmal gesprochen werden muss, sollten diese schriftlich festgehalten werden. Auch wenn diese Aktion manchmal mühevoll ist: Wenn ich die Vereinbarungen gemeinsam formuliert habe, kann ich mir halbwegs sicher sein, dass auch ein gemeinsames Verständnis aufgetaucht ist.

Damit die getroffene Vereinbarung zustande kommt oder das Ergebnis umgesetzt werden kann, muss allen Beteiligten klar sein, was wer wann noch zu tun hat.

Fertigen Sie über die oben genannten Punkte ein Gesprächsprotokoll an. Indem Sie dieses dann allen Beteiligten zukommen lassen, bestätigen Sie noch einmal das Ergebnis ihrer Verhandlung.

Ein beispielhaftes Gesprächsprotokoll zur Dokumentation Ihrer Verhandlungsergebnisse finden Sie auf der folgenden Seite.

Dokumentation von Verhandlungsergebnissen

Anlass: _____

Gesprächspartner: _____

Ort: _____ Datum/Uhrzeit: _____

Verhandlungsgegenstand: _____

_____

_____

_____

Erreichte Vereinbarungen: _____

_____

_____

_____

Wer tut was bis wann: _____

_____

_____

_____

Nächster Gesprächstermin: _____

_____ _____
Datum/Unterschrift Führungskraft   Datum/Unterschrift Mitarbeiter

Welche Besonderheiten gibt es in der Verhandlung mit Mitarbeitern?

Bei der Verhandlung mit Mitarbeitern geht es meist um die Zulässigkeit der *Vertikalität*, des Rechteabstandes zwischen beiden Seiten.

Oftmals geht es ja im Kern darum, dass eine Seite etwas tun soll, was diese nicht so gerne möchte, oder etwas nicht mehr tun soll, was sie gerne möchte. In dieser Situation muss es zu einer – zumindest zeitweisen – Zurückstellung der Selbstbestimmung kommen. Die andere Seite soll aufhören, das zu tun, was sie gerne will und anfangen, das zu tun, was ich von ihr will. Ein ganz einfaches **Beispiel** aus dem Privatleben:

> Da Besuch erwartet wird, ist Zimmer aufräumen angesagt. Spiele auf der Konsole zu spielen, ist aber deutlich attraktiver. Nun ist eine Zurückstellung der Selbstbestimmung hinter höhere Ziele („Wenn Besuch kommt, ist es halbwegs aufgeräumt") notwendig.

Sie sollten darauf achten, dass eine notwendige Zurückstellung der Selbstbestimmung möglichst akzeptabel erfolgt. Letztendlich sitzen Sie zwar als Führungskraft – kurzfristig betrachtet – oft am längeren Hebel und das wissen auch Ihre Mitarbeiter. Gehen Sie stets möglichst fair und gerecht vor und wägen Sie alle Argumente gegeneinander ab. Andernfalls würden Sie schnell mit Ihrer Reputation als Führungskraft spielen. Prüfen Sie stets nach, ob die Verhandlung noch auf der Sachebene geführt wird, oder ob noch eine *hidden agenda* vorhanden ist. Finden Sie bei Ihrer Überprüfung versteckte Themen, dann klären Sie diese, bevor Sie die Verhandlung fortsetzen.

Welche Besonderheiten sollte ich in Verhandlungen mit Kollegen beachten?

Bei Verhandlungen im Kollegenkreis ist kaum oder keine *Vertikalität* vorhanden. Denken Sie in dieser Situation immer an das erste Prinzip für erfolgreiche Verhandlungsführung:

Niemals Menschen, Rollen und Standpunkte miteinander vermischen!

Ihre Kollegen agieren in der Regel aus der Zielsetzung heraus, das Beste für sich und den eigenen Bereich zu erreichen. Und genau das wollen Sie für sich und ihren Bereich auch. Werfen Sie Ihrem Kollegen das also nicht vor. Sie sollten lieber Ihre Interessen herausarbeiten, das deckt gemeinsame Nenner auf.

Auch handeln Sie beide für ein Unternehmen. Gibt es ein übergeordnetes Ziel, unter das sich die Zielsetzungen unterordnen können?

Was sollte ich in Verhandlungen mit meinen Vorgesetzen bedenken?

Bei Verhandlungen mit Vorgesetzten sind Sie der *Vertikalität* ausgesetzt. Berücksichtigen Sie aus diesem Grund das dritte Prinzip für erfolgreiche Verhandlungsführung:

Schaffen Sie Wahlmöglichkeiten!

Das bedeutet für Sie: Gehen Sie möglichst nie mit nur einer Alternative in eine Abstimmung. Mit nur einer Lösung könnten Sie schnell aus dem Spiel sein und zusätzlich besteht die Gefahr, dass Ihre Vorgesetzten solch ein Vorgehen als Einschränkung der eigenen Entscheidungsfreiheit empfinden könnten und schon aus diesem Grund evtl. gegen Ihren Vorschlag stimmen.

Zudem sollten Sie Informationen, die Sie an Ihre Vorgesetzten weitergeben wollen, auf das Wesentliche beschränken und alle sonstigen Hintergrundinformationen z. B. in eine Management-Summary packen. Nutzen Sie also das Führungsprinzip *Komplexitätsreduktion*.

Beispiel Gehaltsverhandlung: Wer mit seinem Vorgesetzten einzig um mehr Geld verhandelt, ist mehr oder weniger seinem guten Willen ausgesetzt. Überlegen Sie sich vorher gut, welche anderen geldwerten Faktoren Sie ins Gespräch bringen können. Das können Weiterbildungen, Beförderung, mehr Urlaub, Homeoffice, Dienstwagen etc. sein. Finden Sie am besten noch vor ihrem Gespräch heraus, welche Alternativen auch im Interesse Ihres Vorgesetzten sind. Stellen Sie Fragen, zeigen Sie sich kooperativ und gut vorbereitet, damit einer Win-Win-Situation nichts mehr im Wege steht.

Was kann ich tun, wenn keine Einigung in Sicht ist?

In festgefahrenen Situationen ist eine wirklich konstruktive Zusammenarbeit oft nur sehr schwer zu erreichen und es kommt vermehrt zu großen Ausschweifungen.

In solch einer Situation ist es empfehlenswert, einen Moderator oder einen Experten hinzuzuziehen. Eine zweite Möglichkeit wäre aber auch der Versuch, einen kleinen Umweg zu gehen. Finden Sie über die Hauptsache keine Einigung, versuchen Sie Randthemen (Nebenkriegsschauplätze) zu finden, für die Einigungsfähigkeit besteht; dies können z. B. Ziele sein, denen sich alle Verhandlungspartner verpflichtet fühlen.

Haben Sie schließlich ein Randthema gefunden, zu dem eine Einigung möglich ist, sollten Sie versuchen, den Bogen wieder zurück zum Hauptthema zu führen. Dabei können Ihnen übergeordnete Prinzipien, Leitlinien, Gesetze, Regeln, Handlungsanweisungen oder auch die betriebliche Übung sehr hilfreich sein, denn aus ihnen kann in der Vielzahl der Fälle wiederum ein gemeinsames Vorgehen in der Hauptsache entwickelt werden.

Äußerst wichtig ist jedoch, dass Sie während der Verhandlung einen Konflikt vermeiden!

Was tun, wenn es zu Konflikten kommt?

Trotz aller Bemühungen um Vernunft und Sachlichkeit kann eine Verhandlungssituation eskalieren. So lange noch verhandelt wird und versucht wird eine Lösung zu finden, liegt noch kein Konflikt, sondern ein *Dissens* vor.

Findet sich aber nach längerem Hin und Her immer noch keine Lösung und die Situation wird aufgrund von Handlungs- oder Leistungsdruck bei mindestens einem der Verhandlungspartner emotional, dann ist der Weg in den Konflikt bereitet. Jetzt geht es nicht mehr nur um die Verhandlung, sondern um Konfliktklärung, das ist eine deutliche Verschärfung der Situation.

Welche Rolle spiele ich als Führungskraft in einer Konfliktsituation?

Ihr Ziel als Führungskraft sollte sein, die Konfliktsituation wieder in eine Verhandlungssituation zu verwandeln. Demnach besteht Ihre Herausforderung darin, alle beteiligten Konfliktparteien zu ent-emotionalisieren und deren Reaktionen wieder in einen angemessenen Rahmen zurückzuführen. Aus diesen Aufgaben lässt sich Ihre Rolle in einer Konfliktsituation sehr gut ableiten: Sie übernehmen die Rolle des Konfliktlösers. Dabei handelt es sich durchaus um eine Rolle, in die Sie aufgrund Ihrer Führungsposition öfter geraten und die für Sie unvermeidbar ist. Dabei ist für Sie die Rolle des Konfliktlösers keineswegs als harmlos einzuschätzen, denn je nachdem wie Sie diese Rolle ausfüllen, steht Ihre Reputation als Führungskraft auf dem Spiel. Für Sie bedeutet das vor allem, dass Sie in dem gesamten Konflikt eine ausgewogene, neutrale und gerechte Positionierung einnehmen sollten und so eine Lösung des Konflikts herbeizuführen versuchen, dass am Ende keine der Konfliktparteien mit wesentlichen Vorteilen aus der Situation herausgeht.

Voraussetzung für die Übernahme der Rolle des Konfliktlösers ist selbstverständlich Ihre persönliche Neutralität in der Konfliktsituation. Sie selber dürfen keine eigenen Karten im Spiel haben.

Konfliktanalyse

Um den entstandenen Konflikt im Gespräch zu lösen, muss zunächst einmal geklärt werden, wie und warum es dazu gekommen ist. Die Konfliktanalyse geht dem eigentlichen Lösungsprozess voraus und dient dazu, dass alle strittigen Punkte zur Sprache kommen. Theoretisch kann in einem Konflikt alles zu einem Streitpunkt werden. Streitpunkte und Ursachen vermischen sich in den Augen der Parteien immer wieder und immer stärker. Es wird schließlich nicht mehr rational und sachlich argumentiert.

In Ihrer Rolle als Konfliktlöser unterstützen Sie diesen Analyse- und Klärungsprozess. Sie tragen Sorge dafür, dass die strittigen Punkte von den Verhandlungspartnern benannt werden und eine gemeinsame Problemdefinition erfolgt. Liegen die Konfliktpunkte erst einmal offen auf dem Tisch, lassen sich viel einfacher mögliche gemeinsame Ziele und Interessen der Konfliktbeteiligten finden, an denen dann gearbeitet werden kann.

Bei der Konfliktanalyse können Sie sich an folgenden Fragen orientieren:

- An welchem Punkt ist der Konflikt ausgebrochen?

- Beziehen sich die Streitpunkte auf persönliche Ansichten, Personen oder auf objektive Sachverhalte?

- Was ist der konkrete Punkt, auf den sich die Verhandlungspartner versteifen?

- Könnte der Konflikt aus einem anderen Bereich hierher verschoben worden sein?

- Wie erleben Sie persönlich die Streitpunkte? Wie wichtig sind Ihnen diese Punkte?

- Wie erleben die Verhandlungsparteien jeweils persönlich die Streitpunkte? Wie wichtig sind ihnen diese jeweils?
- Was genau ärgert und stört die Verhandlungspartner in ihrer Position?

Für die Lösung der definierten Probleme ist es Ihre Aufgabe als Führungskraft, alle Beteiligten vor erneuten Regelverstößen zu schützen und auf sachliches und zielorientiertes Arbeiten zu achten. Darüber hinaus sorgen Sie dafür, dass die erzielte Lösung/der Konsens in Form einer Tätigkeitsliste oder eines Verhaltensvertrags schriftlich fixiert wird.

Die nachfolgende Übersicht zeigt Ihnen alle Schritte für den Weg zu einer konstruktiven Konfliktlösung noch einmal auf, um Ihnen eine praxisnahe Umsetzung für Ihren Führungsalltag zu ermöglichen.

Ablauf	Prozessgestaltung, Formulierungen und Maßnahmen
Schritt 1: Bauen Sie Vertrauen auf.	- Persönliche Basis durch Eisbrecherfragen: Wie geht es Ihnen? - Gemeinsames Interesse an der Lösung widerspiegeln. - Empathie zeigen/in die Situation versetzen.
Schritt 2: Achten Sie auf sachliche Gesprächsführung.	- Wortwahl beachten. - Konflikt immer sachbezogen betrachten. - Personenbezogene Konflikte versuchen zu lösen.

Schritt 3: Lassen Sie Ihren Mitarbeiter (auch) seine Sicht darlegen!	● Durch aktives Nachfragen: Wie sehen Sie den Punkt? Was ist Ihre Meinung dazu? ● Können Sie mich/die beteiligten Personen verstehen?
Schritt 4: Analysieren Sie die Gründe für das Verhalten.	● Wie und wann kam es zu dem Konflikt? ● Welche Personen sind beteiligt? ● Hätten Sie anders reagieren können?
Schritt 5: Suchen und bewerten Sie Lösungsmöglichkeiten.	● Wie können wir weiter vorgehen? ● Gibt es alternative Wege zur Einigung? ● Ist das die beste Lösung oder gibt es andere gute Wege?
Schritt 6: Streben Sie eine gemeinsame Lösung an.	● Sind alle mit der Lösung einverstanden? ● Hat jeder seine Vorschläge mit eingebracht?
Schritt 7: Fixieren Sie gemeinsam das weitere Vorgehen.	● Also halten wir auch das für die Zukunft fest, damit dies nicht mehr vorkommt.
Schritt 8: Bekunden Sie noch einmal Ihr Vertrauen in Ihren Mitarbeiter.	● Ich weiß, dass ich mich auf Sie verlassen kann.
Schritt 9: Bestimmten Sie einen Kontrollzeitpunkt.	● Ich werde mir in X Wochen nochmal für Sie Zeit nehmen, damit wir nochmal prüfen können, ob sich das Problem endgültig gelöst hat.

| Letzter Ausweg: Suchen Sie eine neutrale Person für
die Konfliktlösung!

Bei einer Konfliktmoderation sollten Sie immer und in jedem Fall versuchen, nicht eine der Konfliktparteien zu sein, sonst fällt es Ihnen in Ihrer Führungsrolle sehr schwer, eine akzeptable Lösung zu generieren. Stellen Sie fest, dass Sie Teil des Problems sind, dann bitten Sie lieber jemand anderen, eine neutrale Person oder Ihre Führungskraft, zu moderieren und daran mitzuarbeiten, den Konflikt zu lösen.

Was kann ich tun, um die Eskalation eines Konfliktes zu vermeiden?

Wird aus einer Verhandlung ein Konflikt, werden die Kosten und Verluste für alle Konfliktparteien ungleich höher als beim vorherigen Bemühen um eine Lösung des Problems, die beiden Interessenparteien gerecht wird. Allein aus diesem Grund sollten Sie versuchen, einen Konflikt möglichst zu vermeiden bzw. die Eskalation eines bereits vorhandenen Konflikts zu verhindern. Um zu erfahren, wie Sie dabei vorgehen sollten, werfen Sie bitte einen Blick in die nachfolgende Checkliste. Dort sind einige Punkte aufgeführt, die der Vermeidung von Konflikten und der Eskalation in Konfliktsituationen dienen.

Checkliste: Vermeidung von Eskalationen und Konflikten

To do
Versetzen Sie sich in die Lage der Anderen und versuchen Sie, diese zu verstehen. Dabei soll verstehen nicht heißen, dass Sie damit einverstanden sind.
Leiten Sie die Absichten der Anderen niemals aus Ihren eigenen Befürchtungen ab.

To do

- Schieben Sie die Schuld an Ihren eigenen Problemen nicht der Gegenseite zu.

- Sprechen Sie über die Vorstellungen beider Seiten.

- Versuchen Sie, die Vorstellungen der Gegenseite auf unerwartete Weise zu nutzen.

- Beteiligen Sie die Gegenseite am Ergebnis; sorgen Sie dafür, dass diese sich am Verhandlungsprozess beteiligt.

- Stimmen Sie Ihre Vorschläge auf das Wertesystem der Anderen ab; achten Sie bei allen Beteiligten auf den Faktor „Gesicht wahren".

- Zuallererst muss man Emotionen erkennen und verstehen – sowohl die eigenen als auch die der Anderen.

- Artikulieren Sie Ihre Emotionen bzw. Befürchtungen und erkennen Sie deren Berechtigung an. Wenn Menschen sich ihre unausgesprochenen Emotionen von der Seele reden können, wenden sie sich lieber und leichter dem Problem zu. Verhandlungen werden weniger reaktiv und mehr aktiv.

- Gestatten Sie der Gegenseite, Dampf abzulassen. Reagieren Sie nicht auf emotionale Ausbrüche.

- Benutzen Sie symbolische Gesten: Eine Entschuldigung ist mitunter die billigste und dennoch rentabelste Investition bei einer Problemlösung.

- Was immer Sie auch sagen: Erwarten Sie, dass die andere Seite etwas anderes heraushört.

- Sprechen Sie so, dass man Sie versteht.

- Reden Sie über sich, nicht über die Gegenseite: Vermitteln Sie, was das Problem mit Ihnen macht, nicht welche vermuteten Absichten die Gegenseite hat.

- Vermeiden Sie Behauptungen. Diese provozieren Gegenwehr und Ärger. Sprechen Sie über Ihre Gefühle, die müssen Sie nicht beweisen.

To do

- Sprechen Sie mit einer bestimmten Absicht: Bevor Sie einen Satz aussprechen, machen Sie sich klar, was Sie eigentlich mitteilen wollen und überlegen Sie sich, welchem Zweck diese Information dient. Manchmal ist es besser, etwas nicht auszusprechen, z. B. um unnötigen Ärger zu vermeiden oder sich nicht unüberlegt auf eine Aussage/Position festzulegen.

Harte sachliche Verhandlungen erhöhen den Lösungsdruck; Unterstützung der Menschen verbessert die Beziehung.

- Schauen Sie nach vorne, nicht zurück. Vergeuden Sie keine Zeit mit endlosen „Wer hat was gemacht"-Fragen und Rechtfertigungen. Suchen Sie nach Lösungen: „Wer soll morgen was machen?"

- Seien Sie bestimmt aber flexibel. Hilfsfrage: Wenn die Gegenseite morgen zustimmt, womit soll sie sich dann einverstanden erklären? Haben Sie immer mehrere Optionen parat, die Ihren Vorstellungen entsprechen.

- Seien Sie hart in der Sache, aber sanft zu den beteiligten Menschen: Halten Sie an Ihren Interessen fest, greifen Sie die Dinge sachlich an, ohne den Menschen Schuld zuzuweisen. Im Gegenteil: Seien Sie höflich, hören Sie zu, zeigen Sie Wertschätzung für den Einsatz, unterstreichen Sie Ihr Verständnis für die Bedürfnisse.

Durch dieses Booklet aus der grow.up.-Reihe *Führung TO.GO.* besitzen Sie jetzt das Basiswissen für eine erfolgreiche Verhandlungsführung. Sie haben umfangreiche Hilfsmittel erhalten, wie Sie sich auf Verhandlungssituationen vorbereiten können und was es nach Abschluss einer Verhandlung zu beachten gibt. Wenn Sie sich die vorgestellten vier Prinzipien für erfolgreiche Verhandlungen zu eigen machen, sind Sie bereits gut gerüstet für Ihre kommenden Verhandlungsaktivitäten.

Des Weiteren haben wir Ihnen einige spannende Tipps und Taktiken vorgestellt, die Ihnen in verschiedenen schwierigen Verhandlungssituationen eine Auswahl an Handlungsmöglichkeiten bieten.

Auch auf das Thema der Besonderheiten in Verhandlungen mit Mitarbeitern, Kollegen und Vorgesetzten sind wir eingegangen und Sie haben ebenfalls erfahren, was für eine Rolle Sie als Führungskraft in Konfliktsituationen spielen.

Sicherlich gibt es an der einen oder anderen Stelle noch Vertiefungsbedarf, doch sollten Sie nun für Ihre ersten Schritte in Richtung einer erfolgreichen Verhandlungsführung gut gerüstet sein.

Weitere Informationen zu allen Führungsthemen finden Sie unter www.grow-up.de.

Abonnieren Sie auch unseren Blog unter blog.grow-up.de. Wir schreiben regelmäßig zu Management-, Führungs- und Personalthemen, heiß diskutierten Tools, wie z. B. Design Thinking, Digitalisierung und vielen weiteren für Sie relevanten und interessanten Themen.

Auch in den sozialen Medien sind wir vertreten. Gerne bleiben wir so mit Ihnen in Kontakt.

Unseren YouTube-Kanal finden Sie unter folgendem QR-Code:

Hier finden Sie **weiterführende Videos.**

Oder besuchen Sie uns auf **Facebook** oder **Instagram**:

Ihre
Rezension

Senden Sie uns Ihre Meinung/Anmerkungen/ Fragen zu unserem Buch entweder per Mail an **lorenz@grow-up.de** oder machen Sie uns die Freude, und hinterlassen Sie uns Ihre Rezension direkt auf amazon.de.

Vielen Dank!

Glossar

Dissens
Meinungsverschiedenheit in Bezug auf bestimmte Fragen o. Ä.

Komplexitätsreduktion
Vorgang zur Filterung von Informationen. Ziel ist es, diese Informationen auf möglichst verständliche Art und Weise darzustellen.

Nachentscheidungsdissonanz
Nach schwierigen Entscheidungen; die negativen Seiten der gewählten Entscheidung bzw. die positiven der nicht gewählten erzeugen Unstimmigkeiten

Vertikalität
Bezeichnet die Machtdistanz bzw. den Rechteabstand zwischen Führungskraft und Mitarbeiter. Die Beziehung ist durch Über- und Unterordnungsverhältnisse definiert. Die Führungskraft kann z. B. Dinge tun oder entscheiden, die ein Mitarbeiter hingegen nicht ohne Weiteres kann.

Literaturempfehlungen

Entdecken Sie spannende und hilfereiche Bücher der
grow.up.-Reihe *Führung TO.GO.* auf amazon.de:

Entdecken Sie unsere Reihe *Führung TO.GO.***:**
- Junge Generationen wirksam führen
  ISBN: 979-8308001089
- Erfolgreiche Führung durch Storytelling
  ISBN: 979-8337841717
- Erfolgreiche Führung durch Resilienz und Stressmanage-
  ment, ISBN: 979-8328985710
- Wertschätzung als Instrument guter Führung
  ISBN: 979-8322682387
- Coachingkompetent als Führungskraft
  ISBN: 979-8393644987
- Erfolgreiche Führung mit dem Vierfarben-Modell
  ISBN: 978-1540333735
- Erfolgreiche Führung durch Selbstführung
  ISBN: 978-1523421688
- Erfolgreiche Führung durch Kommunikation
  ISBN: 978-1523423682
- Erfolgreiche Führung durch Delegation
  ISBN: 978-1518717291
- Feedbackkompetenz für Führungskräfte
  ISBN: 978-1548914868
- Erfolgreiche Führung durch Motivation
  ISBN: 978-1517749477
- Leadership Culture. Führungskultur verstehen und leben
  ISBN: 978-1983590245
- Agilität einfach erklärt, ISBN: 979-8610628653
- Scrum einfach erklärt, ISBN: 979-8619242232
- Design Thinking einfach erklärt, ISBN: 979-8652370466

Die Autoren

Michael Lorenz
ist Geschäftsführer der grow.up. Managementberatung GmbH in Gummersbach. Vorher war er langjährig Geschäftsführer und Partner der Kienbaum Management Consultants GmbH und leitete den Geschäftsbereich Human Resources Management.

Michael Lorenz berät nationale und internationale Kunden seit 1988 in Fragen der Strategie, der Personalentwicklung und der Management-Diagnostik. Schwerpunkte seiner Arbeit liegen in der Prozessbegleitung und Moderation strategischer Neuausrichtungs- und Umstrukturierungsprozesse sowie in der Ausrichtung von Servicebereichen. Weitere Schwerpunkte liegen in Trainings und Workshops für Manager und Führungskräfte in den Themenfeldern Management, Führung und Vertrieb und in der Konzeption, Implementierung und Projektleitung bei Personalentwicklungsprojekten.

In individuellen Coachings begleitet Michael Lorenz Manager bei persönlichen Veränderungs- und Entwicklungsprozessen in Führungs- und Positionierungsfragen. Er hat zahlreiche Artikel und Bücher zum Themenfeld Management, Führung und Human Resources veröffentlicht.

Ilona Haselbach
ist seit 2001 für die grow.up. Managementberatung GmbH in Gummersbach tätig.

Neben ihrer Tätigkeit als Assistentin der Ge-
schäftsleitung hat Sie viele der Buchprojekte
der grow.up. Managementberatung redak-
tionell betreut.

Seit 2013 leitet Sie die Redaktion der grow.up. und ist
ebenfalls für Lektorat und Vermarktung verantwortlich.
Ilona Haselbach ist Autorin zahlreicher Buchbeiträge und
schreibt immer wieder für den grow.up.-Blog zu Themen der
Führung und des Human Resources. Ilona Haselbach ist
ausgebildeter Reiss Profile® Master.